AF242981

UNE PAGE

D'HISTOIRE CONTEMPORAINE

24-25 Mars 1871

SIMPLE RÉCIT D'UN TÉMOIN

LYON

TYPOGRAPHIE — IMPRIMERIE C. ALRICY — LITHOGRAPHIE

5, Cours Lafayette, 5 (Passage Coste)

—

1897

UNE PAGE

D'HISTOIRE CONTEMPORAINE

Rentré de captivité le 20 mars 1871, je m'étais rendu aussitôt à Versailles, demandant à prendre du service dans les troupes que l'Assemblée nationale réunissait alors pour sa défense. Mais dans l'armée en formation aucune vacance n'existait et je me voyais réduit à aller rejoindre, à Montélimar, le dépôt de mon ancien régiment. Aussi, dès le 24, je montai dans le train de Paris, partant à midi de la gare des Chantiers, résolu à faire mon devoir en résistant, les armes à la main, aux hommes de désordre qui, maîtres de la capitale depuis le 18 mars, mettaient la patrie à deux doigts de sa ruine.

Des compagnies du 35ᵉ et du 42ᵉ de ligne se montraient çà et là, bivouaquées dans les champs ; à chaque station on apercevait des sections de gendarmes, veillant sac au dos, l'arme au pied, à demi-cachées derrière les haies vives formant clôtures. Cet appareil de guerre ne cessa qu'à Ville-d'Avray. Nous entrions dans la zone neutre.

A Asnières, des fusils en faisceaux devant la gare révélaient la présence d'un poste de garde nationale, mais personne ne se montra. Il en fut autrement à Clichy : des fédérés y avaient une grand'garde ; néanmoins, après une inspection rapide passée par quelques-uns d'entre eux, le train se remit en marche. Quelques centaines de mètres avant d'entrer en gare de Paris, nouvel arrêt, non prévu cette fois ; ce sont des fédérés qui obligent le mécanicien à faire halte ; toutes les portières sont ouvertes par ordre et des sous-officiers visitent chaque compartiment, afin de découvrir, prétendent-ils, s'il n'y a point d'armes cachées. Les quais de la gare Saint-Lazare étaient couverts de gardes nationaux, mais des amis de l'ordre, ceux-là, qui s'efforçaient de maintenir libre la tête de la seule voie de communication restée ouverte entre Paris et Versailles.

Je me dirigeai tout de suite vers la Bourse, où se trouvait le principal rassemblement des hommes d'ordre. Rue du Quatre-Septembre, le cordon des sentinelles me barra le passage. Je dis mon intention de m'engager dans les bataillons défenseurs de l'ordre. Un garde se détacha et me conduisit à la mairie la plus voisine : c'était celle du IIe arrondissement ; la rue de la Banque était encombrée de gardes nationaux en armes ; on n'y avançait qu'avec peine. Aux portes de la mairie, l'affluence croissait encore. Je fus présenté à un adjudant-major à qui j'exhibai mon titre allemand de libération de captivité qui portait en toutes lettres mon nom et ma qualité; j'exprimai mon vif désir de servir, quoique officier, comme simple soldat, et je demandai instamment un fusil; mais mon interlocuteur se refusa d'une manière absolue à m'admettre dans ces conditions et me renvoya au Grand-Hôtel, où siégeait le Commandement général des gardes nationales de la Seine et où je devais, assurait-il, rendre de bien meilleurs services, étant donné ma spécialité d'officier d'état-major. Je dus me résigner et me rendre au Grand-Hôtel. Il était environ 2 heures quand j'y arrivai.

On m'introduisit, non sans peine, car une consigne très sévère défendait de recevoir quelque étranger que ce fût, et l'officier de garde à qui je m'étais adressé, m'ordonnait déjà de passer mon chemin lorsqu'un autre officier, plus clairvoyant, s'offrit à me conduire au colonel de Beaufond, chef d'état-major de l'amiral. Je traversai, précédé de mon introducteur, la grande cour, transformée en place d'armes, et pénétrai dans le fumoir où se trouvait le colonel. Je fus bien accueilli; le chef d'état-major me fit inscrire, séance tenante, à l'état-major de l'amiral et un titre en règle me fut remis qui constatait mes nouvelles fonctions. J'étais depuis une demi-heure au travail, devant une grande table recouverte du traditionnel tapis vert, lorsqu'un grand bruit se fit entendre dans la cour et des officiers, entrant précipitamment, s'écrièrent tout d'une voix que l'hôtel allait être attaqué. Chacun de ceindre sur-le-champ sabre et revolver et de se rendre à son poste; je voulus me saisir d'une épée oubliée sur un meuble, mais l'officier à qui elle appartenait survint et la réclama. Force me fut donc de suivre sans armes le chef d'état-major qui, me prescrivant de marcher avec lui, gravit le grand escalier pour prendre ses dernières dispositions de combat. Chacun des trois étages était garni de défenseurs embusqués derrière les fenêtres aux persiennes fermées; ils étaient au nombre de trois cents et paraissaient sombres, mais résolus. La partie inférieure des fenêtres n'était pas protégée; j'émis l'avis de la blinder avec des matelas, ce que l'on entreprit de faire aussitôt. Plusieurs chambres étaient closes ou dépourvues d'hommes armés; on établit, sur mon conseil, une communication générale entre toutes les pièces du même étage. Nous fîmes ainsi tout le tour de cet immense bâtiment, que sa forme triangulaire au coin du boulevard et de la place de l'Opéra, érigeait en forteresse très défendable, pourvu que l'Opéra fut occupé, et l'on affirmait qu'il l'était ou allait l'être.

L'alerte se trouva fausse et la journée se passa, jusqu'à 5 heures, sans nouvel incident. Vers 4 heures, nous reçumes le renfort d'une centaine d'étudiants, venus du quartier Latin. Constamment, il se présentait des officiers de la garde nationale parisienne, demandant des munitions ou offrant le concours de quelques compagnies; d'autres promettaient de se mettre en campagne pour nous rallier des troupes et demandaient quelle ligne l'amiral Saisset comptait suivre.

A ces questions posées sous des formes diverses, mais qui toutes tendaient à savoir si l'amiral, le cas échéant, marcherait pour ou contre la République, M. de Beaufond répondait invariablement : « Nous sommes pour Versailles, pour l'Assemblée. » Plusieurs hommes dévoués, qui étaient accourus pleins d'ardeur, hochaient la tête à cette réponse vague et se retiraient le front bas ; ou bien ils demandaient à s'entretenir avec l'amiral lui-même, ce qui n'était que rarement accordé.

Dans l'après-midi, je vis entrer dans ce fumoir du Grand-Hôtel, où se trouvaient plusieurs personnalités connues, telles que M. le marquis de Chaumont-Quitry et M. le comte de Coëtlogon, capitaine aux mobiles de Bretagne, M. Duvergier de Hauranne, depuis député à l'Assemblée nationale. Ce personnage politique s'entretint d'abord seul à seul avec le colonel de Beaufond, puis il prit place un peu à l'écart et nous ne tardâmes pas à lier conversation. Je devinai bientôt à ses confidences embarrassées, qu'il n'était mu dans sa démarche, ni par un simple intérêt de curiosité, ni par l'intention de prendre part à notre besogne militaire ; l'entretien se prolongea jusqu'à ce que le colonel s'approchant, déclara à M. de Hauranne que la garde nationale tiendrait au Grand-Hôtel aussi longtemps que cela lui serait matériellement possible ; peu après, un bruit incroyable se répandit : les maires de Paris avaient été vus fraternisant avec le Comité central...

Les nouvelles se succédaient, parfois contradictoires. Quelques-uns affirmaient que les fédérés venaient de s'emparer de la mairie du Ier arrondissement et que cette prétendue conciliation n'était qu'une capitulation des nôtres. Enfin, vers 6 heures, on sut toute la vérité : les maires de Paris étaient tombés d'accord avec les membres du Comité central pour fixer au jeudi, 30, les élections au Conseil municipal.

C'était une sorte de défi à l'Assemblée, mais aussi un grand pas de fait dans la voie d'une pacification définitive, à la condition cependant que les deux partis gardassent leurs positions respectives jusqu'au 30 mars.

Dans la soirée, le chef d'état-major me confia la mission que voici : m'assurer des dispositions de la garde nationale qui tenait la mairie du IXe arrondissement ; porter aux mairies des Ier et IIe arrondissements l'ordre de l'amiral de redoubler de vigilance afin de se garder contre toute surprise pendant la nuit du 24 au 25.

Ici deux mots d'explication. La rue Drouot était au pouvoir de deux bataillons, le 227e et le 228e, si je ne me trompe. On croyait savoir que le 228e, qui obéissait au Comité central, venait de s'installer dans les bureaux de l'administration de l'Opéra, tandis que le 227e, regardé comme fidèle, se maintenait à la mairie, située en face. Ce bataillon était sous les ordres d'un ancien capitaine de l'armée, nommé Mayer, en qui l'on avait pleine confiance (1).

D'autre part, on ignorait tout à fait aux mains de qui restaient les mairies de la Bourse (rue de la Banque) et du Louvre (place Saint-Germain-l'Auxerrois). Je devais m'en informer *de visu* ; en outre, l'amiral commandant en chef s'obstinant à penser que la réconciliation n'était qu'un leurre destiné à désorganiser le parti de l'ordre, il s'agissait de convaincre les garnisons de ces deux points stratégiques importants de la nécessité de se tenir mieux que jamais sur leurs gardes.

Je n'avais que des ordres verbaux, tout ordre écrit eut été trop compromettant.

Je me mis en route vers 9 heures 1/2 du soir. Il y avait foule sur les boulevards et foule bruyante et enjouée, hélas ! comme aux plus beaux soirs de l'Empire. Vers la rue Drouot cependant les magasins étaient fermés, les fenêtres closes, le gaz éteint. Des hommes armés garnissaient les débouchés des rues. Je me fis conduire par un des gardes nationaux de faction au commandant Mayer. Mais comme je déclarai à mon cicerone que j'avais une mission de l'amiral, il me recommanda la plus grande prudence, un grand nombre de ses camarades étant partisans du Comité central.

Le commandant Mayer me reçut de très haut

---

(1) Engagé depuis lors dans le mouvement communaliste et arrêté le 24 mai, jour auquel je l'ai retrouvé par hasard, à deux genoux dans la boue du parc Monceau, pleurant et gémissant au milieu d'un convoi de prisonniers.

et je compris bien vite que je m'étais fourvoyé ; il éclata en invectives contre le gouvernement de la Défense nationale, traita Favre et Trochu de traîtres à la patrie et me chargea de répondre à l'amiral que l'ordre ne serait pas troublé, attendu que l'accord était unanime *contre les hommes de Versailles.*

De la rue Drouot, je me dirigeai vers la mairie du Ier arrondissement. Chemin faisant, je me mêlais aux groupes où des orateurs à figure sinistre discutaient les événements du jour. Si l'on m'interpellait, je disais que la discorde en face de l'étranger était une honte, que la conciliation intervenue rendait d'ailleurs la querelle désormais sans objet, et cette opinion, peu goûtée des farouches harangueurs, plaisait au plus grand nombre ; elle me servait de passeport.

Bref, j'atteignis enfin le but. Les abords de la place du Louvre étaient rigoureusement gardés. Une sentinelle m'arrêta. Je parus suspect. On me conduisit à un officier qui, sur le vu de mon titre personnel et la déclaration que je lui fis, me prit par un doigt et, m'entraînant derrière lui au milieu des gardes nationaux, m'introduisit dans la mairie. La grande salle du premier étage, que je traversai, était pleine d'officiers. On me fit entrer dans le cabinet du maire, où le premier adjoint, chef provisoire de la municipalité, M. Méline (1) con-

---

(1) Depuis député des Vosges et plusieurs fois président du Conseil des ministres.

férait avec des chefs de bataillon ; ces messieurs se retirèrent immédiatement et je restai seul avec M. Méline. Une demi-heure durant, j'écoutai le récit ému que me fit ce magistrat des incidents de la journée. Vers 1 heure de l'après-midi, des bataillons du Comité s'étaient présentés, avec du canon et des mitrailleuses, pour occuper la mairie du Louvre. Des fédérés avaient garni la colonnade ; une collision était imminente ; un coup de fusil tiré par mégarde et le sang aurait coulé à flots. Toutefois, devant l'attitude résolue du bataillon et demi d'hommes d'ordre qu'ils avaient devant eux, les factieux s'arrêtèrent. On parlementa. Désespérant de pouvoir emporter la mairie de vive force, les délégués du Comité demandaient que la garnison en fût composée, par moitié, de gardes des deux partis. Ils exigeaient, en outre, l'adhésion du Iᵉʳ arrondissement au principe du vote pour le Conseil communal de Paris, à la date du 26, conformément au décret du Comité central. Le premier point fut formellement repoussé ; quant au second, on défendit pied à pied l'indépendance de l'arrondissement. Deux longues heures venaient de se consumer en pourparlers stériles. Irrités de ces lenteurs, les fédérés allaient ouvrir le feu et la garde nationale de l'ordre se préparait à combattre, lorsque le général (?) Brunel essaya d'une dernière sommation, déclarant que le Comité ne pouvait attendre plus longtemps, que la force et le droit étaient de son côté et que puisqu'on lui refusait la mairie du Louvre, il la prendrait. Toute résistance était impossible. A ce moment, M. Méline eut une inspiration soudaine : « Général, s'écriat-il, de braves gens vont-ils donc s'égorger pour si peu ? Qu'est-ce que vous voulez ? La République ? Nous la voulons aussi ; sur ce terrain, des Français doivent s'entendre. Que le spectacle de nos discordes ne réjouisse pas nos ennemis ! Voyons, général, c'est à votre cœur que je m'adresse, — et il lui prit les deux mains avec effusion, — à votre cœur de citoyen et de soldat : consentez à une transaction ; le salut de la République en dépend. Le Comité a fixé le 26 mars, l'Assemblée de Versailles le 3 avril pour les élections de Paris. Eh bien, que les élections aient lieu le 30 ! Cette concession réciproque nous honorera devant l'opinion ; elle seule, d'ailleurs, en apaisant les esprits, peut sauvegarder ces institutions républicaines qui nous sont également chères, à tous. »

Brunel fut touché, il céda ; les chefs des deux partis en présence s'embrassèrent avec des larmes de joie (*sic*) et se rendirent incontinent à la mairie du II° arrondissement où siégeait la réunion des maires ; là, un traité solennel fut conclu.

M. Méline avait agi sans mandat. Je le lui représentai. Il me répondit que la force majeure excusait l'initiative qu'il avait prise, mais si l'engagement hardi signé par l'adjoint du I°ʳ arrondissement et quelques officiers supérieurs de la Garde nationale avait été dicté par la nécessité, il n'en serait pas de même sans doute pour le

Comité central. Je hasardai une seconde objection sur ce point : Brunel ne serait-il pas désavoué et cela lorsque le faisceau des forces de l'ordre se serait désagrégé peut-être ? M. Méline ne le pensait pas, il était certain, selon lui, que la parole du général Brunel (*sic*) obtiendrait la ratification du Comité. J'allais exprimer mon étonnement d'une confiance aussi grande, lorsque survint un capitaine, inquiet sans doute de la durée de notre tête-à-tête. Je me retirai, non sans féliciter le magistrat municipal du courage civique dont il avait fait preuve.

Il faisait nuit noire. Pas une âme dans les rues. Je gagnai la rue de la Banque : à l'instant où je pénétrais dans les lignes de ce quartier, un jeune homme affolé me rejoignit, qui venait de voir une patrouille de fédérés fusiller un canonnier place du Carrousel. Il courait avertir qu'on ne cessât pas de veiller. Je trouvai nos troupes fort diminuées et dans un état de dispersion que les circonstances justifiaient mal.

Je demandai à parler au commandant militaire de la mairie du II⁰ arrondissement. On me fit attendre dans un vestibule ; deux élèves de l'Ecole polytechnique étaient là, assis à une table, qui écrivaient. Quelques minutes plus tard, je fus introduit dans un petit salon où les maires, ceints de leur écharpe, tenaient séance. Celui qui présidait (c'était M. Schœlcher), se leva et m'examina attentivement. Je lui dis en quelques mots l'objet de ma mission et, comme il continuait à me regarder avec un air de méfiance non dissimulé, j'exhibai le titre qui devait m'accréditer auprès de lui. Il le lut et me le rendit avec ces paroles, prononcées d'un ton irrité : « Dites à l'amiral Saisset que nous savons aussi bien que lui à quoi nous en tenir ! »

Rentré à l'état-major, je rendis compte de ce que j'avais vu et entendu. C'est à peine si le colonel de Beaufond prêta l'oreille à mon rapport, enfoncé qu'il était dans une conversation animée avec M. Duvergier de Hauranne qui avait revêtu dans l'intervalle l'uniforme de capitaine de la Garde nationale.

Aux premières lueurs de l'aube, le chef d'état-major me donna l'ordre de reconnaître les posi-tions des fédérés sur la rive gauche de la Seine. Je m'y rendis et revins par le pont et la place de la Concorde, la rue Royale et le boulevard des Capucines. J'avais constaté que tous les postes et édifices publics de la rive gauche étaient occupés par nos adversaires. Comme je rentrais, muni enfin d'un sabre que je venais d'acheter chez Lepage, un convoi d'armes, escorté par des fédérés à pied et des garibaldiens à cheval, passa devant le Grand-Hôtel. J'observai qu'à la faveur de la nuit, la garnison de la place Vendôme avait poussé ses sentinelles jusqu'au boulevard, à l'extrémité des rues de la Paix et Neuve-Saint-Augustin. Ce progrès dans les approches de l'ennemi cons-tituait pour nous une menace. C'était la pre-mière conséquence manifeste de la rupture qui était intervenue dans le courant de la nuit, entre le Comité central et les maires, grâce à la mauvaise foi d'Assi et des sectaires. Tout à coup, dans la matinée, on annonça que des bataillons fédérés marchaient sur le Grand-Hôtel ; le Comité voulait-il mettre la main sur notre position principale afin d'avoir raison, d'un seul coup, de la résistance que les hommes d'ordre lui opposaient? On ferma en hâte les grilles ; les portes furent barricadées. Tout le monde courut à son poste. Une mitrailleuse fut braquée dans la cour et des hommes, le fusil chargé, se tinrent, à chaque fenêtre, prêts à tirer. A ce moment, le colonel de Beaufond m'enjoignit de porter au poste du Jockey-Club l'ordre de se mettre en défense. On ne me laissa sortir qu'avec des précautions infinies, car les sentinelles des fédérés épiaient tous nos mouvements. Le mot d'ordre me donna accès dans l'hôtel du Jockey. Je m'acquittai de ma mission et ajoutai de mon chef quelques conseils au commandant fort inexpérimenté de ce poste, afin que la défense fût ce qu'elle devait être. Je recommandai le calme, le sang-froid, la ténacité. Rentré au Grand-Hôtel, je m'armai d'un fusil où je glissai une cartouche et j'attendis.

Mais cette alerte ne fut pas plus sérieuse que celle de la veille ; elle avait été causée par l'arrivée d'un petit bataillon de 200 mobiles de la Seine, sous le commandement du colonel Valette. Ces braves gens, venus en auxiliaires de l'ordre, s'étaient établis au Sporting-Club et dans la maison portant le n° 65 du boulevard des Capucines, dans l'intention de croiser, au besoin, leurs feux avec les nôtres (1).

Plus tard, un officier du XVII° arrondissement se présenta à l'état-major pour demander que la Garde nationale fut réorganisée par îlots au lieu de l'être par couches successives dans toute l'étendue d'un même quartier, ce qui aurait donné de l'homogénéité aux formations du parti de l'ordre. Cette proposition fut très froidement accueillie, aussi bien que les offres de concours qui commençaient à affluer de toutes parts et notamment du V° et du VII° arondissement. Il semblait qu'au Commandement en chef de la Garde nationale, le découragement fût à l'ordre du jour.

Vers 4 heures du soir, grand tumulte, nos hommes, abandonnant les étages dont ils avaient la garde, se précipitaient vers la cour. J'allai à l'un d'eux qui débouchait sur le palier du rez-de-chaussée et je lui demandai ce qui se passait : « On vient de nous apprendre, me répondit-il, que le duc d'Aumale est nommé par l'Assemblée de Versailles, lieutenant-général du royaume, dans ces conditions je n'en veux plus, je m'en vais ! Et tous font comme moi. Nous battre pour les d'Orléans ? Ah ! mais non ! »

Dans la cour, je trouvai MM. Schœlcher, Floquet et Clémenceau qui péroraient au milieu de

---

(1) Sur ces entrefaites, j'offris, si l'on me donnait cent hommes résolus, d'enlever le poste fédéré de la place Vendôme ; mais ma proposition fut repoussée haut la main.

nos gens formés en groupes compacts, les adjurant de se retirer chacun chez soi, affirmant qu'il n'y avait plus rien à faire, que l'Assemblée travaillait pour les princes d'Orléans, que l'entente avec les hommes du Comité central, qui, eux aussi, voulaient le maintien de la République, était parfaite, que persister à nous cantonner dans nos positions était puéril et devenait absurde, etc., etc. J'abordai M. Schælcher ; je lui exprimai vivement mon indignation de cette excitation à la débandade, objectant que les fédérés, eux, n'abandonnaient pas leurs postes et ajoutant : « Si nous évacuons aujourd'hui nos positions de combat, que ferons-nous demain ou après-demain, quand éclatera la guerre civile ? » — « Eh ! monsieur ! il ne s'agit pas de guerre civile, me répondit M. Schælcher, d'un ton élevé, mais de fraternité et de concorde ! Entre républicains, entre concitoyens de Paris, aucune guerre civile n'est possible ! »

Navré de cet aveuglement et des défections qu'il provoquait dans nos rangs, désolé de mon impuissance, je rentrai dans les bureaux de l'état-major. Vers 6 heures, l'ordre nous y arriva de la part de l'amiral Saisset, alors à Versailles, de nous disperser. Nous étions plusieurs peu disposés à obtempérer à cet ordre. Je vois encore la discussion orageuse qui s'éleva entre le commandant Trèves, premier aide-de-camp de l'amiral, qui venait d'apporter cet ordre, et ceux d'entre-nous que cette désertion exaspérait. Sur ces entrefaites, le colonel de Beaufond s'éclipsa. Nous étions sans chef. Une grande agitation se produisit. La plupart des officiers inclinaient dès lors au départ et se retiraient l'un après l'autre, à l'anglaise.

Nous fûmes enfin une dizaine seulement à signer, avant de nous séparer, une protestation énergique contre l'acte anti-militaire qu'on exigeait de nous à l'heure des suprêmes périls de la patrie.

Et lorsque, vers 9 h. 1/2 du soir, se fut écrite d'une façon irréparable cette triste page de notre histoire qui s'appelle l'abdication du parti de l'ordre à Paris, je sortis le dernier du quartier général, avec le sentiment douloureux mais très fier du devoir accompli jusqu'au bout.

www.ingramcontent.com/pod-product-compliance
Lightning Source LLC
Chambersburg PA
CBHW051317050726
47595CB00008B/3587